TANJA DUSY

TEX-MEX KÜCHE

FOTOGRAFIE: VIVI D'ANGELO; AUEN60 PHOTOGRAPHY

INHALT

Öffnen Sie die Klappen dieses Buches.
Dort finden Sie die wichtigsten Infos zum Thema auf einen Blick!

DAS PRINZIP:
TEX-MEX

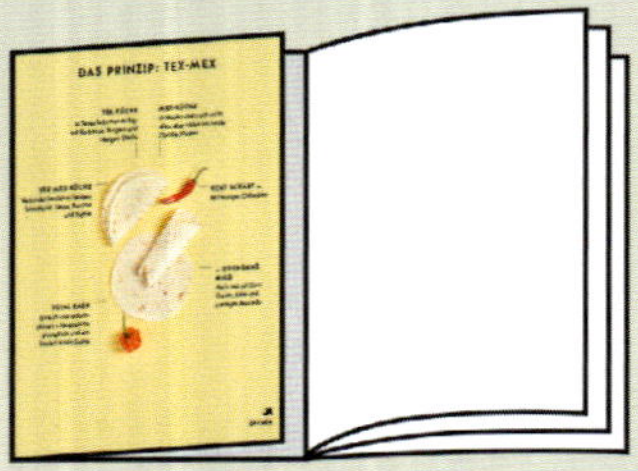

PIMP YOUR
TACO

Immer griffbereit:

SO GEHT'S:
TORTILLAS & CO.

Immer griffbereit:

SO GEHT'S:
CHILIS, BOHNEN
UND AVOCADO
VORBEREITEN

GU CLOU

Wussten Sie schon, dass ...?
Entdecken Sie bei einigen ausgewählten Rezepten ganz besondere Tipps mit verblüffendem Insiderwissen.
Aha-Momente garantiert!

Mit diesem Symbol sind alle vegetarischen Gerichte gekennzeichnet.

Die Backzeiten können je nach Herd variieren. Unsere Temperaturangaben beziehen sich auf das Backen im Elektroherd mit Ober- und Unterhitze.

Sammeln Ihrer Lieblingsrezepte mit der »GU Kochen Plus«-App (siehe S. 64)

REZEPTKAPITEL

TANJA DUSY

Als Schülerin verbrachte die Autorin ein Austauschjahr in Houston (Texas). Dort teilte sie schnell die amerikanischen Vorlieben für Barbecue und Fastfood – und fand großen Gefallen an den kulinarischen Einflüssen aus der mexikanischen Länderküche: Tacos, Burritos und Enchiladas sind daher »liebe alte Freunde«.

Mögen Sie es richtig scharf?

Oh ja, Länderküchen mit viel Chili und Gewürzen haben es mir besonders angetan. Die vielen Chilisorten in der Tex-Mex-Küche entfalten – frisch, getrocknet, geröstet, geräuchert oder eingelegt – ganz eigene Geschmacksnoten! Für Einsteiger genügt aber erst einmal »normales« Chilipulver und vielleicht noch ein geräuchertes, um das typische, herzhafte Rauch-Aroma ins Spiel zu bringen.

Also ist Tex-Mex nichts für »Weicheier«?

Doch, auf jeden Fall! Zum einen kann jeder den Schärfegrad der Gerichte nach Geschmack selbst dosieren. Die Rezepte in diesem Buch sind eher mild gewürzt und teilweise mit Spielräumen für die Dosierung der Schärfe versehen – also von mäßig pikant bis richtig scharf. Zum anderen hat die Tex-Mex-Küche mehr als Chilischärfe zu bieten: Schon mit wenigen anderen typischen, geschmacksgebenden Zutaten wie Kreuzkümmel, Oregano, Knoblauch, Koriandergrün und Limette entfaltet sich eine ganz eigene, intensive Aromenwelt.

Braucht man exotische Zutaten?

Kaum. Tex-Mex-Favoriten wie Avocado, Tomaten, Sour Cream oder Cheddar gibt es in jedem Supermarkt. Aber auch Weizen- und Mais-Tortillas, Nacho-Chips oder eine gute Chili-con-Carne-Gewürzmischung sind heute als Fertigprodukte leicht zu finden.

MEIN TEX-MEX-BLITZREZEPT: MARGARITA

Mit ½ Limette den oberen, äußeren Rand einer Cocktailschale (ca. 12 cl Inhalt) benetzen.

2 EL Salz auf einen flachen Teller geben und den Glasrand darin wenden, überschüssiges Salz abklopfen.

2 cl Limettensaft

2 cl Triple sec (Orangenlikör)

4 cl weißer Tequila

mit 4 Eiswürfeln in einen Cocktailshaker geben, ca. 15 Sek. shaken und die Margarita in die Cocktailschale gießen.

STARTERS & SNACKS

Für 4 Personen • 25 Min. Zubereitung • 15 Min. Backen • Pro Portion ca. 700 kcal, 37 g E, 46 g F, 31 g KH

ÜBERBACKENE NACHOS

FINGERFOOD

2 EL Olivenöl
400 g Rinderhackfleisch
1 EL Tomatenmark
1 TL Chili-con-Carne-Gewürzmischung
Salz, Pfeffer
1 Fleischtomate
2 Frühlingszwiebeln
100 g Cheddar
100 g Schweizer Emmentaler
3 EL eingelegte Jalapeño-Chilischoten (in Scheiben, aus dem Glas)
180 g Mais-Tortilla-Chips »Natur«

TIPP
Kaufen Sie am besten ungewürzte Tortilla-Chips (»Natur«). Alternativ passen auch gesalzene Tortilla-Chips: Diese vor der Zubereitung probieren und je nach Geschmack das Hackfleisch nur wenig salzen.

1 Backofen auf 200° vorheizen, ein Backblech mit Backpapier auslegen. Das Olivenöl in einer beschichteten Pfanne erhitzen und das Hackfleisch darin bei großer Hitze unter gelegentlichem Rühren krümelig braun braten. Das Tomatenmark und die Chili-Gewürzmischung unterrühren und kurz mitrösten. Mit 3–4 EL Wasser ablöschen, salzen, pfeffern und nochmals 2–3 Min. bei kleiner Hitze garen, bis die Flüssigkeit verdampft ist. Vom Herd nehmen und etwas abkühlen lassen.

2 Inzwischen die Tomate waschen, halbieren, den Stielansatz entfernen und die Kerne mit einem Löffel herauskratzen. Das Fruchtfleisch ca. 1 cm groß würfeln. Frühlingszwiebeln putzen und waschen, dann den grünen und den weißen Teil getrennt voneinander in feine Ringe schneiden. Beide Käsesorten grob reiben. Die Jalapeño-Scheiben abtropfen lassen und nach Belieben kleiner schneiden.

3 Die Hälfte der Tortilla-Chips dicht an dicht auf dem Blech verteilen. Jeweils die Hälfte des Hackfleischs, der Tomaten und der weißen Frühlingszwiebelringe daraufgeben, zuletzt die Hälfte vom geriebenen Käse darüberstreuen. Alle übrigen Hälften dieser Zutaten in derselben Reihenfolge darübergeben. Die Nachos im heißen Ofen (Mitte) ca. 15 Min. überbacken, bis der Käse schön zerlaufen ist, ohne zu bräunen. Mit den Jalapeño-Scheiben und dem Frühlingszwiebelgrün bestreuen. Die Nachos am besten direkt mit den Fingern vom Blech essen.

Für 4 Personen •
10 Min. Zubereitung •
Pro Portion ca. 80 kcal, 3 g E, 7 g F, 2 g KH

SOUR-CREAM-DIP

EINFACH

5 EL fettarmer griechischer Joghurt (0,2 % Fett) • 3 EL Schmand • 3 EL saure Sahne • Salz, Pfeffer • ⅓ TL gemahlener Kreuzkümmel • 3 Stängel Koriandergrün

1 Joghurt, Schmand und saure Sahne glatt rühren. Je nach gewünschter Konsistenz (als Dip oder als flüssigere Sauce zum Beträufeln) 5–7 EL kaltes Wasser unterrühren. Mit Salz, Pfeffer und Kreuzkümmel würzen. Das Koriandergrün waschen und trocken schütteln. Die Blättchen abzupfen, fein hacken und nach Belieben unterrühren oder über den Dip streuen.

GUT ZU WISSEN
Dieser Dip kommt der amerikanischen Sour Cream sehr nahe – er passt zu gebratenem Fleisch, Nachos und immer dann, wenn Chilischärfe gemildert werden soll.

Für 4 Personen •
15 Min. Zubereitung • 30 Min. Ruhen •
Pro Portion ca. 200 kcal, 2 g E, 20 g F, 1 g KH

GUACAMOLE

KLASSIKER

1 Limette • 2 große reife Avocados • 1 Knoblauchzehe • 1 Frühlingszwiebel • ½ Bund Koriandergrün • Salz, Pfeffer • Chilipulver • ½ TL gemahlener Kreuzkümmel

1 Limette auspressen. Avocados halbieren, Kerne entfernen. Fruchtfleisch mit einem Löffel aus der Schale kratzen, gleich mit dem Limettensaft mischen. Knoblauch schälen und durchpressen. Frühlingszwiebel putzen, waschen und trocken tupfen, grünen Teil in feine Ringe schneiden, weißen Teil längs vierteln und fein hacken. Das Koriandergrün waschen, gut trocken schütteln, Blättchen abzupfen und fein hacken.

2 Avocado-Fruchtfleisch mit einer Gabel zermusen, alle vorbereiteten Zutaten untermengen. Mit Salz, Pfeffer, 2 Prisen Chilipulver (Menge nach Geschmack) und Kreuzkümmel würzen. Die Guacamole ca. 30 Min. durchziehen lassen.

Für 4 Personen •
25 Min. Zubereitung •
Pro Portion ca. 300 kcal, 12 g E, 12 g F, 31 g KH

BOHNEN-DIP

GUT VORZUBEREITEN

2 Dosen schwarze Bohnen (800 g) • 2 große Zwiebeln • 2 Knoblauchzehen • 4 EL Olivenöl • ½ Bund Koriandergrün • ½ TL gemahlener Kreuzkümmel • Chilipulver • 1 EL Limettensaft • Salz, Pfeffer

1 Bohnen abgießen, das Einweichwasser dabei auffangen. Zwiebeln und Knoblauch schälen, fein würfeln und in einem Topf mit Olivenöl bei kleiner Hitze in ca. 10 Min. goldgelb andünsten, vom Herd nehmen. Koriander waschen, trocken schütteln, Blättchen abzupfen und klein hacken.

2 Zwiebeln und Knoblauch mit Bohnen, Kreuzkümmel und ½–¾ TL Chilipulver (Menge nach Geschmack), Limettensaft, 5 EL Bohnenwasser und drei Vierteln des Koriandergrüns fein pürieren. Bei Bedarf noch etwas Bohnenwasser untermixen. Salzen, pfeffern und mit dem übrigen Koriandergrün bestreuen. Passt gut zu Nachos.

Für 4 Personen •
15 Min. Zubereitung • 3 Std. Ruhen •
Pro Portion ca. 25 kcal, 1 g E, 0 g F, 4 g KH

PICO DE GALLO

MEXIKANISCHE SALSA

4 reife Tomaten • 1 kleine weiße Zwiebel • 1 grüne (Jalapeño-)Chilischote • 8 Stängel Koriandergrün • 1 ½ EL Limettensaft • Salz, Pfeffer • 1 EL eingelegte Jalapeño-Chilischoten (in Scheiben, aus dem Glas, nach Belieben)

1 Tomaten waschen und halbieren, Stielansätze entfernen und Kerne mit einem Löffel herauskratzen. Fruchtfleisch sehr klein würfeln. Zwiebel schälen, fein würfeln. Chilischote halbieren, von Kernen und Trennwänden befreien, waschen und fein hacken. Koriandergrün waschen, trocken schütteln, Blättchen abzupfen und fein hacken.

2 Alle vorbereiteten Zutaten vermischen. Mit Limettensaft, Salz und Pfeffer würzen, ca. 3 Std. zugedeckt kühl stellen. Vor dem Servieren überschüssige Flüssigkeit abgießen und nach Belieben mit den Jalapeño-Scheiben garnieren. Die Salsa schmeckt zu gegrilltem oder gebratenem Fleisch, z. B. Carne Asada oder Carnitas.

Für 4 Personen • 15 Min. Zubereitung • 15 Min. Garen • Pro Portion ca. 35 kcal, 2 g E, 1 g F, 5 g KH

TOMATENSALSA

SCHNELL GEMACHT

1 Dose Tomaten (400 g)
1 kleine grüne Spitzpaprika (türkischer Supermarkt)
1 sehr kleine Zwiebel
1 kleine Knoblauchzehe
1 Jalapeño-Chilischote
6 Stängel Koriandergrün
1 EL Limettensaft
⅓ TL gemahlener Kreuzkümmel
brauner Zucker
Salz, Pfeffer

1 Die Dosentomaten mitsamt Saft in ein hohes Püriergefäß oder einen Blitzhacker geben. Spitzpaprika halbieren, putzen, waschen und grob würfeln. Zwiebel und Knoblauch schälen, grob würfeln. Chilischote halbieren, Stielansatz, Kerne und Trennwände entfernen. Die Hälften waschen und grob würfeln. Koriandergrün waschen, trocken schütteln, Blättchen abzupfen und grob hacken.

2 Paprika, Zwiebel, Knoblauch, Chilischote, Koriandergrün, Limettensaft, Kreuzkümmel und 2 Prisen Zucker zu den Dosentomaten geben. Alles grob pürieren, sodass noch kleine Stückchen im Püree sind. Salzen und pfeffern.

3 Das Püree in einen kleinen Topf geben und bei kleiner bis mittlerer Hitze offen 10–15 Min. leicht köcheln lassen, dabei gelegentlich umrühren. Zuletzt mit Salz und Pfeffer abschmecken und abkühlen lassen. Als Dip oder als Salsa zu Nachos, Tacos, Burritos & Co.

Für 4 Personen • 30 Min. Zubereitung • Pro Portion ca. 175 kcal, 8 g E, 13 g F, 5 g KH

KÄSEDIP

EINFACH

1 EL Butter
1 EL Mehl
150 ml Milch
(geräuchertes) Chilipulver
½ TL Gemüsebrühe (Instant)
100 g Cheddar
Salz, Pfeffer
Limettensaft

1 Die Butter in einem Topf bei mittlerer Hitze schmelzen. Das Mehl dazugeben und unter Rühren mit einem Schneebesen anschwitzen, ohne dass es bräunt. Mit der Milch ablöschen und alles gründlich mit dem Schneebesen glatt rühren. Zum Kochen bringen, ¼ TL Chilipulver (Menge nach Geschmack), das Brühpulver und 100 ml Wasser zugeben und unter Rühren aufkochen lassen.

2 Die Sauce offen bei kleiner Hitze ca. 10 Min. leicht köcheln, dabei immer wieder umrühren. Inzwischen den Cheddar grob reiben. Portionsweise in die Sauce geben und unter kräftigem Rühren schmelzen lassen. Die Sauce mit Salz, Pfeffer und 2 Spritzern Limettensaft abschmecken. Leicht abkühlen lassen, dabei noch einmal umrühren. Am besten lauwarm als Dip servieren, z. B. zu Nachos.

Für 4 Personen • 30 Min. Zubereitung • 40 Min. Garen • Pro Portion ca. 720 kcal, 26 g E, 34 g F, 72 g KH

HUEVOS RANCHEROS

ZUM FRÜHSTÜCK

1 Zwiebel
1 Knoblauchzehe
Öl zum Braten
700 g passierte Tomaten
½ TL getrockneter Oregano
¼ TL gemahlener Kreuzkümmel
(geräuchertes) Chilipulver
Salz, Pfeffer
½ Bund Koriandergrün
8 kleine Tortillas (Maisfladen)
8 Eier

GU CLOU

Die Tortillas schmecken bei diesem Gericht ideal, wenn sie einen leicht knusprigen Rand haben, innen aber noch weich sind. Dazu lässt man die Fladen nur sehr kurz im Öl braten: pro Seite genügen 12–15 Sek.! Die Tortillas nach Bedarf bei 90° auf dem Backrost im Ofen warm halten.

1 Zwiebel und Knoblauch schälen und klein würfeln. 3 EL Öl in einem Topf erhitzen, Zwiebel und Knoblauch bei mittlerer Hitze darin goldbraun braten. Passierte Tomaten, Oregano, Kreuzkümmel und je nach gewünschter Schärfe ½–1 TL Chilipulver zugeben, leicht salzen und pfeffern. Die Sauce offen bei kleiner Hitze in 30–40 Min. sämig einkochen, dabei gelegentlich umrühren. Nochmals mit Salz, Pfeffer und nach Belieben mit Chili abschmecken, pürieren und bei Bedarf warm halten.

2 Inzwischen (ca. 15 Min. vor Garzeitende) das Koriandergrün waschen und trocken schütteln, die Blättchen abzupfen und klein hacken. Öl ca. 0,5 cm hoch in eine Pfanne gießen und stark erhitzen. Die Tortillas darin nacheinander bei mittlerer Hitze jeweils von beiden Seiten kurz leicht knusprig braten. Dann herausnehmen, auf Küchenpapier abtropfen lassen und warm halten. Auf die gleiche Weise alle Tortillas fertigstellen. Dann das übrige Öl aus der Pfanne gießen und auffangen.

3 3–4 EL des Öls erneut in der Pfanne erhitzen. Die Eier aufschlagen, hineingeben und in jeweils 2–3 Min. zu Spiegeleiern braten. Dabei sollten die Eier getrennt voneinander und das Eigelb flüssig bleiben. Salzen und pfeffern.

4 Das Koriandergrün bis auf einen Teil zum Bestreuen unter die heiße Sauce rühren. Je 2 Tortilla-Fladen leicht überlappend auf einen Teller geben, darauf je 2 Spiegeleier und darüber die Tomatensauce geben. Alles mit dem übrigen Koriandergrün bestreuen und gleich servieren.

Für 4 Personen • 30 Min. Zubereitung • 45 Min. Ruhen • Pro Portion ca. 300 kcal, 16 g E, 19 g F, 12 g KH

MEXIKANISCHES CEVICHE

VORSPEISE

1 Mini-Salatgurke
2 Jalapeño-Chilischoten
4 Limetten
½ Bund Koriandergrün
Salz, Pfeffer
brauner Zucker
300 g Lachsfilet (ohne Haut, in Sushi-Qualität)
1 kleine rote Zwiebel
1 kleine feste Mango
1 kleine Avocado

1 Gurke putzen und schälen, längs halbieren und Kerne mit einem Löffel herauskratzen. Das Fruchtfleisch in ca. 0,5 cm große Würfel schneiden. Chilischoten längs halbieren, Stielansatz, Kerne und Trennwände entfernen. Die Hälften waschen und grob hacken. Limetten auspressen und 100 ml Saft abmessen.

2 Koriandergrün waschen, trocken schütteln, Blättchen abzupfen und grob hacken. 3 EL davon mit dem Limettensaft, der Hälfte Gurkenwürfel und den Chilischoten fein pürieren, dabei eventuell zuerst eine halbe Schote mitpürieren, abschmecken und nach Geschmack die übrige Chili mitpürieren. Die Marinade mit reichlich Salz, Pfeffer und 2–3 Prisen Zucker abschmecken; sie sollte sehr salzig sein. Ca. 30 Min. kühl stellen.

3 Inzwischen Lachsfilet trocken tupfen, auf Gräten untersuchen und diese bei Bedarf entfernen. Den Fisch in ca. 1 cm große Würfel schneiden und in den Kühlschrank stellen. Zwiebel schälen und nicht zu fein würfeln. Die Mango schälen, das Fruchtfleisch vom Stein schneiden und ca. 1 cm groß würfeln. Die Avocado halbieren, Kern und Schale entfernen und das Fruchtfleisch ebenfalls ca. 1 cm groß würfeln.

4 Die Marinade mit Lachs, Avocado, Mango, Zwiebel und der übrigen Gurke vermengen und alles ca. 15 Min. marinieren lassen. Das Ceviche auf Teller verteilen und mit 1 EL gehacktem Koriandergrün bestreuen.

GU CLOU

Beim Ceviche »gart« der Fisch nicht durch Erhitzen, sondern durch die Säure der Limetten! Diese zersetzt das Fischeiweiß ähnlich wie Hitze. Wer Fisch (wie bei Sashimi) am liebsten roh isst, mariniert ihn nur kurz (5–10 Min.); bissfest und glasig wird er nach 10–12 Min., weiß und »durch« ist er nach 25–30 Min. Marinierzeit.

Für 4 Personen • 35 Min. Zubereitung • Pro Portion ca. 280 kcal, 9 g E, 16 g F, 22 g KH

ESQUITES

STREETFOOD

3 Maiskolben (ersatzweise 500 g TK-Maiskörner)
100 g Schafskäse (Feta)
2 EL Mayonnaise
Chilipulver
Salz, Pfeffer
Zucker
1 Knoblauchzehe
3 Frühlingszwiebeln
½ Bund Koriandergrün
1 Limette
2 EL Olivenöl

1 Die Maiskolben putzen, waschen, trocken tupfen, Körner längs vom Kolben schneiden (TK-Mais auftauen und trocken tupfen). Den Schafskäse zerbröckeln, die Hälfte davon mit Mayonnaise, ⅓ TL Chilipulver, Salz, Pfeffer und 2 Prisen Zucker mischen. Knoblauch schälen, dazupressen. Frühlingszwiebeln putzen, waschen, samt Grün in Ringe schneiden. Koriander waschen, trocken schütteln, Blättchen abzupfen, klein hacken. Limette heiß waschen, halbieren, eine Hälfte auspressen und die zweite Hälfte vierteln.

2 Öl in einer beschichteten Pfanne erhitzen, Mais darin durchrühren, 2–3 Min. bei großer Hitze ohne Rühren braten. Dann rühren und weitere 2–3 Min. ohne Rühren braten. So zwei- bis dreimal fortfahren, bis der Mais gebräunt ist. Dann den Mais mit der Mayonnaise-Mischung, Frühlingszwiebeln und ⅔ des Koriandergrüns vermengen. Mit Salz, Pfeffer und 1 EL Limettensaft abschmecken, mit übrigem Käse und Koriandergrün bestreuen. Limettenstücke dazu reichen.

Für 4 Personen • 25 Min. Zubereitung • Pro Portion ca. 290 kcal, 3 g E, 25 g F, 11 g KH

SALAT MIT ZITRUSDRESSING

VITAMINREICH

3 Orangen
2 Limetten
1 TL brauner Zucker
Chiliflocken
Salz, Pfeffer
6 EL Olivenöl
6 Stängel Koriandergrün
2 Römersalatherzen
6 Radieschen
1 Avocado

1 Von den Orangen die Schale samt weißer Haut mit einem scharfen Messer wegschneiden. Die Orangen quer in ca. 0,5 cm dicke Scheiben schneiden und diese halbieren, dabei den Saft auffangen. Die Limetten auspressen und 5 EL Limettensaft mit dem aufgefangenen Orangensaft verrühren. Zucker und 3 Msp. Chiliflocken (Menge nach Geschmack) unterrühren, salzen und pfeffern. Dann das Olivenöl kräftig unterschlagen. Koriandergrün waschen, trocken schütteln, Blättchen abzupfen, fein hacken und unter das Dressing rühren.

2 Den Salat putzen, in einzelne Blätter teilen, waschen, trocken schleudern und die Blätter quer in 2–3 cm breite Streifen schneiden. Die Radieschen waschen, putzen und in dünne Scheiben schneiden. Die Avocado längs halbieren, den Kern und die Schale entfernen. Das Fruchtfleisch quer in schmale Spalten schneiden. Mit den Orangen, dem Salat und den Radieschen auf Tellern anrichten. Alles mit dem Dressing beträufeln und den Salat servieren.

Für 4 Personen • 35 Min. Zubereitung • Pro Portion ca. 630 kcal, 29 g E, 43 g F, 29 g KH

KNUSPER-GARNELEN-TACOS

FÜR GÄSTE

3 Limetten
3 Tomaten
2 Avocados
6 EL Olivenöl
Salz, Pfeffer
½ Bund Koriandergrün
1 kleiner Eisbergsalat
24 rohe Garnelen (küchenfertig, ohne Kopf und Schale)
2 Knoblauchzehen
Chiliflocken
12 harte Tacoschalen (»Taco Shells«)

GUT ZU WISSEN
Knusprige, feste »Taco Shells« finden Sie als Fertigprodukt in gut sortierten Supermärkten. Wichtig ist, die Tacoschalen nach dem Füllen immer gleich zu servieren – sonst werden sie weich und pappig.

1 2 Limetten auspressen. Tomaten waschen, vierteln, von den Stielansätzen befreien und ca. 1 cm groß würfeln. Avocados längs halbieren, Kerne und Schalen entfernen, das Fruchtfleisch ca. 1 cm groß würfeln oder stifteln. 2 EL Limettensaft mit 2 EL Öl verrühren, Tomaten und Avocados darin wenden, salzen und pfeffern. Koriandergrün waschen, trocken schütteln, Blättchen abzupfen und klein hacken. 2 EL davon unter die Tomaten-Avocado-Mischung mengen, Rest beiseitelegen.

2 Den Salat putzen, in Blätter teilen, waschen, trocken schleudern und in sehr feine Streifen schneiden. Garnelen trocken tupfen. Knoblauch schälen und in dünne Scheiben schneiden.

3 Übriges Öl (4 EL) in einer beschichteten Pfanne oder einem Wok erhitzen. Knoblauch und Garnelen hineingeben und bei starker Hitze unter Rühren ca. 3 Min. braten. ½ TL Chiliflocken (Menge nach Geschmack) und 2 EL Limettensaft zugeben und alles weitere 2 Min. bei mittlerer Hitze fertig garen. Vom Herd nehmen und 2 EL Koriandergrün unterrühren.

4 Übrige Limette heiß waschen, trocken tupfen und achteln. Eisbergsalat auf die Tacoschalen verteilen und die Tomaten-Avocado-Mischung daraufgeben. Jeweils 2 Garnelen obenauf legen (dabei Knoblauchscheiben nach Belieben entfernen) und nach Geschmack etwas Bratöl aus der Pfanne darüberträufeln. Die Füllung mit dem übrigen Koriandergrün bestreuen und die Tacos gleich mit den Limettenstücken servieren.

Für 4 Personen • 35 Min. Zubereitung • 2 Std. 30 Min. Ruhen • Pro Portion ca. 725 kcal, 40 g E, 47 g F, 34 g KH

TEX-MEX-BURGER

KLASSIKER

600 g Rinderhackfleisch
Salz, Pfeffer
1 rote Zwiebel
1 reife Avocado
1 TL Limettensaft
8 Blätter Kopfsalat
3 EL eingelegte Jalapeño-Chilischoten (in Scheiben, aus dem Glas)
4 Hamburger-Brötchen
4 Scheiben Cheddar
4 EL Mayonnaise
6 EL Tomatensalsa (Fertigprodukt)

TIPP
Wer die Pattys am liebsten innen rosa mag, brät sie von jeder Seite nur 3–4 Min. Um sie gut durchzubraten, dauert es ca. 6 Min. pro Seite. Besonders lecker schmecken sie vom (Holzkohlen-)Grill!

1 Hackfleisch salzen, pfeffern, in vier Portionen aufteilen und diese von Hand oder in einer Burgerpresse zu flachen Pattys (Bratlinge mit ca. 10 cm ∅) formen. Auf einem Teller mit Frischhaltefolie abdecken, ca. 2 Std. in den Kühlschrank stellen und ca. 30 Min. vor der Weiterverwendung wieder herausnehmen.

2 Inzwischen Zwiebel schälen und in schmale Ringe schneiden. Avocado längs halbieren, Kern und Schale entfernen, die Hälften längs in schmale Scheiben schneiden und gleich im Limettensaft wenden, damit sie nicht braun werden. Salatblätter waschen und trocken schleudern. Jalapeño-Scheiben abtropfen lassen, nach Belieben kleiner schneiden.

3 Hamburger-Brötchen nach Packungsanweisung aufbacken. Inzwischen eine Grillpfanne erhitzen (bei Bedarf dünn mit Öl auspinseln). Die Pattys darin bei großer Hitze 3–6 Min. braten, wenden und weitere 3–6 Min. braten, dabei gleich nach dem Wenden jeweils 1 Scheibe Cheddar auf die gebratene Seite legen und schmelzen lassen.

4 Die Hamburger-Brötchen halbieren, die unteren Hälften mit jeweils 1 EL Mayonnaise bestreichen und jeweils 1 Salatblatt daraufgeben. Dann jeweils ein Viertel der Avocadoscheiben, einen heißen Patty, ein Viertel der Jalapeño-Scheiben und der Zwiebelringe und zuletzt jeweils 1 Salatblatt darauflegen. Die oberen Brötchenhälften mit Tomatensalsa bestreichen und oben auf die Burger setzen.

TORTILLAS, TACOS, BURRITOS & CO.

TACOS CARNITAS

GUT VORZUBEREITEN

Für 4 Personen • 25 Min. Zubereitung • 3 Std. Garen • Pro Portion ca. 910 kcal, 50 g E, 62 g F, 37 g KH

1 kg Schweineschulter (mit Fett, ohne Schwarte)
2 rote Zwiebeln
2 Knoblauchzehen
1 TL getrockneter Oregano
1 TL gemahlener Kreuzkümmel
Chilipulver
Salz, Pfeffer
1 Orange
2 Tomaten
2 reife Avocados
4 kleine Tortillas (Maisfladen)

1 Backofen auf 160° vorheizen. Fleisch abbrausen, trocken tupfen und in vier Stücke schneiden, Fett bis auf einen dünnen Rand wegschneiden (Bild 1). Zwiebeln und Knoblauch schälen. Zwiebeln grob würfeln, Knoblauch fein hacken. Oregano zerreiben und mit Kreuzkümmel, 1 TL Chilipulver (Menge nach Geschmack), gut ⅓ TL Salz und reichlich Pfeffer mischen. Das Fleisch darin wenden, Gewürzmischung gut andrücken (Bild 2).

2 Fleischstücke mit der Fettseite nach oben in einen kleinen Bräter legen, mit Knoblauch und der Hälfte Zwiebeln bestreuen. Orange auspressen, den Saft und 180 ml Wasser zugießen (Bild 3). Im heißen Ofen (unten) zugedeckt ca. 2 Std. garen.

3 Den Bräterdeckel abnehmen und das Fleisch ca. 1 Std. offen weitergaren, dabei zwei- bis dreimal mit der Garflüssigkeit aus dem Bräter begießen. Bleibt zu wenig Flüssigkeit übrig, wenig Wasser zugießen.

4 Bräter aus dem Ofen nehmen, Backofengrill zuschalten. Das Fleisch aus dem Bräter nehmen und mit zwei Gabeln klein zerfasern (Bild 4). Mit 4–5 EL Bratensud mischen und auf einem mit Backpapier ausgelegten Blech verteilen (Bild 5). Fleisch im Ofen (oben) 5–7 Min. grillen, bis es oben gebräunt ist.

5 Inzwischen Tomaten waschen, von Stielansätzen und Kernen befreien und klein würfeln. Avocados schälen, von den Kernen befreien und klein würfeln. Tortillas nach Packungsanweisung vorbereiten und warm halten. Fleisch aus dem Ofen nehmen, auf die Tortillas verteilen und mit Avocado-, Tomaten- und den übrigen Zwiebelwürfeln bestreuen (Bild 6). Zum Essen die Tacos einfach mittig zusammenklappen.

GU
CLOU

Das ist Pulled Pork auf mexikanische Art! Durch das abschließende Grillen auf dem Backblech bekommt das zerfaserte Schweinefleisch an der Oberfläche leicht knusprige, extrawürzige Stellen. Unten sollte das Fleisch dagegen weich und saftig bleiben – also nicht zu lange rösten!

Für 4 Personen • 40 Min. Zubereitung • 4 Std. Ruhen • Pro Portion ca. 580 kcal, 40 g E, 28 g F, 40 g KH

TOSTADAS MIT FISCH

LEICHT GEMACHT

400 g Weißkohl
1 dicke Möhre
Salz
1 Limette
4 EL Mayonnaise
4 EL Sahne
Pfeffer
2 ¼ EL brauner Zucker
750 g Rotbarschfilet
2 TL Chili-con-Carne-Gewürzmischung
Öl zum Braten
4 kleine Tortillas (Maisfladen)

GU **CLOU**

Die US-Südstaaten-Küche liebt »Blackend Fish«: Der gewürzte Fisch wird bei hoher Hitze schwarz gebraten, dann wird die Kruste entfernt. Wir gehen mit dem Fisch sanfter um und karamellisieren ihn mit Zucker in der Würze – so schmeckt auch die Kruste!

1 Weißkohl waschen, putzen, vom Strunk befreien und möglichst fein hobeln oder schneiden. Möhre waschen, putzen, schälen und grob raspeln. Beides vermischen, salzen und mit den Händen kneten, bis Wasser austritt. Limette heiß waschen, trocken tupfen, von einer Hälfte die Schale fein abreiben und den Saft auspressen. 2 EL Limettensaft, Mayonnaise und Sahne verrühren, mit Salz, Pfeffer und ¼ EL braunem Zucker würzen. Unter das Gemüse mengen und den Coleslaw (Kohlsalat) 3–4 Std. zugedeckt im Kühlschrank ziehen lassen.

2 Fisch trocken tupfen, salzen und pfeffern. Limettenabrieb, Chili-Gewürzmischung und übrigen Zucker (2 EL) mischen. Den Fisch darin wenden, dabei die Würzmischung gut andrücken. In einer beschichteten Pfanne ca. 2 mm hoch Öl erhitzen. Die Tortillas darin von beiden Seiten in jeweils 1–2 Min. sehr knusprig und leicht braun braten. Herausnehmen, auf Küchenpapier abtropfen lassen und warm halten.

3 Etwa die Hälfte des Öls aus der Pfanne entfernen. Pfanne erneut erhitzen und den Fisch darin bei mittlerer Hitze beidseitig in jeweils 3–4 Min. braun braten. Die Pfanne vom Herd nehmen und den Fisch ca. 3 Min. zugedeckt darin ziehen lassen. Den Kohlsalat etwas abtropfen lassen und auf die Tortillas verteilen. Den Fisch kleiner zupfen und daraufgeben, etwas Bratöl darüberträufeln. Die übrige halbe Limette in vier Stücke schneiden und zum Beträufeln zu den Tostadas servieren.

Für 4 Personen • 30 Min. Zubereitung • Pro Portion ca. 610 kcal, 33 g E, 23 g F, 67 g KH

BURRITOS MIT CHILI-HACKFLEISCH

SCHNELL GEMACHT

1 gelbe Paprika
1 Knoblauchzehe
2 EL Olivenöl
350 g Rinderhackfleisch
Salz, Pfeffer
2 TL Chili-con-Carne-Gewürzmischung
2 EL Tomatenmark
1 Dose Mais-Kidneybohnen-Mix (425 g)
8 Blätter Römersalat
4 große Tortillas (Weizenfladen)
150 g saure Sahne

TIPP
Kleinere Tortillas eignen sich für Tacos und Enchiladas, größere und XXL-Varianten für die dicken Burritos. Für dieses Rezept gilt: je größer, desto besser – denn umso leichter geht das Aufrollen von der Hand.

1 Paprika halbieren, von Stielansatz, Kernen und Trennwänden befreien. Die Hälften waschen und ca. 1 cm groß würfeln. Den Knoblauch schälen und fein hacken. Öl in einer beschichteten Pfanne erhitzen, den Knoblauch darin leicht andünsten.

2 Das Hackfleisch und die Paprika zugeben und bei starker Hitze anbraten. Dabei das Hackfleisch mit einem Holzlöffel zerteilen und so lange braten, bis es krümelig braun ist. Salz, Pfeffer, Chili-Gewürzmischung und Tomatenmark untermengen, unter Rühren kurz anrösten. Dann mit dem Mais-Bohnen-Mix samt Einweichwasser ablöschen. Alles durchrühren und bei mittlerer Hitze offen 12–15 Min. garen, bis fast die gesamte Flüssigkeit verkocht ist. Dabei gelegentlich umrühren.

3 Inzwischen die Salatblätter waschen, trocken schleudern und in feine Streifen schneiden. Tortillas nach Packungsanweisung vorbereiten und warm halten.

4 Etwa ein Viertel der Hackfleischmischung jeweils im unteren Drittel einer Tortilla in einem Streifen quer über die ganze Fladenbreite verteilen. Jeweils ein Viertel der Salatstreifen daraufgeben und mit einem Viertel der sauren Sahne beträufeln. Die Ränder der Tortilla links und rechts nach innen schlagen, dann den unteren Fladenrand straff über der Füllung einschlagen. Den Fladen fest von unten nach oben aufrollen. Die restlichen Burritos auf die gleiche Weise zubereiten und sofort servieren.

Für 4 Personen • 30 Min. Zubereitung • 3 Std. Marinieren • Pro Portion ca. 1 110 kcal, 42 g E, 17 g F, 58 g KH

TACOS MIT PUTENFLEISCH

EINFACH

1 Bund Koriandergrün
2 Knoblauchzehen
1 Limette
3 EL Olivenöl
Chilipulver
½ TL gemahlener Kreuzkümmel
Salz, Pfeffer
450 g Putenschnitzel
2 Dosen Baked Beans (800 g)
150 g Sour Cream (ersatzweise saure Sahne)
4 kleine Tortillas (Mais- oder Weizenfladen)

1 Für die Marinade das Koriandergrün waschen und trocken schütteln, mitsamt Stängeln grob klein schneiden. 3 EL der Korianderblättchen beiseitelegen, den Rest in einen Blitzhacker geben. Knoblauch schälen und ebenfalls grob zerkleinern. Limette heiß waschen und halbieren, eine Hälfte auspressen und 3 EL des Safts mit Knoblauch, 2 ½ EL Öl, ½ TL Chilipulver (Menge nach Geschmack) und Kreuzkümmel in den Blitzhacker geben. Alles fein pürieren, salzen und pfeffern. Das Fleisch trocken tupfen, rundum mit der Marinade bestreichen und zugedeckt ca. 3 Std. in den Kühlschrank stellen.

2 Baked Beans in einem Topf bei kleiner Hitze zugedeckt heiß werden lassen. Sour Cream glatt rühren, salzen und pfeffern. Tortillas nach Packungsanweisung vorbereiten, warm halten.

3 Inzwischen eine Grillpfanne mit dem übrigen Öl (½ EL) auspinseln und stark erhitzen. Das Putenfleisch darin von beiden Seiten scharf anbraten, dann bei mittlerer Hitze in 6–8 Min. fertig braten. Die Pfanne vom Herd nehmen und das Fleisch kurz zugedeckt darin ruhen lassen.

4 Inzwischen die Baked Beans mit einem Pürierstab zu einer cremigen, leicht stückigen Masse pürieren. Diese auf den Tortillafladen verteilen. Putenfleisch in Scheiben schneiden und darauflegen, mit der Sour Cream beträufeln und mit dem übrigen Koriandergrün bestreuen. Die übrige Limettenhälfte vierteln und zum Beträufeln dazu reichen. Zum Essen die Tacos mittig zusammenklappen.

Für 4 Personen • 30 Min. Zubereitung • 1 Std. 30 Min. Garen • Pro Portion ca. 550 kcal, 38 g E, 26 g F, 37 g KH

CHICKEN TINGA TACOS

KLASSIKER

3 Zwiebeln
3 Knoblauchzehen
1 Dose Kirschtomaten (Pomodorini, 400 g)
3 Hähnchenkeulen (à ca. 300 g)
Salz, Pfeffer
4 EL Sonnenblumenöl
250 ml Gemüsebrühe
¾ TL getrockneter Oregano
1 TL gemahlener Kreuzkümmel
¾ TL (geräuchertes) Chilipulver
4 kleine Tortillas (Weizenfladen)

TIPP
Anstelle der Dosentomaten sechs sonnenreife, süße Tomaten quer halbieren und stark anbraten, bis sie schwarze Flecken haben und rauchig schmecken. Als Topping für die Tacos passen Koriandergrün, Avocadowürfel, Sour Cream und ein Spritzer Limettensaft.

1 Zwiebeln schälen und klein würfeln, ein Drittel davon zugedeckt beiseitestellen. Knoblauchzehen schälen, jeweils halbieren. Kirschtomaten abgießen und abtropfen lassen, dabei den Saft auffangen. Den Backofen auf 180° vorheizen. Hähnchenkeulen abbrausen, trocken tupfen, rundum salzen und pfeffern. In einem (Gusseisen-)Bräter 3 EL Öl erhitzen. Die Keulen darin bei mittlerer bis großer Hitze in ca. 6 Min. rundum leicht braun braten, dann herausnehmen.

2 Bei Bedarf übriges Öl (1 EL) in den Bräter gießen, erhitzen. Zwiebeln und Knoblauch bei mittlerer Hitze braten, bis sie bräunen. Die Hälfte Tomaten zugeben und bei großer Hitze braten, bis sie möglichst bräunen. Übrige Tomaten, Tomatensaft, 200 ml Gemüsebrühe und Gewürze unterrühren. Keulen so einlegen, dass sie zur Hälfte von der Sauce bedeckt sind. Alles zugedeckt im heißen Ofen (unten) in ca. 1 Std. 30 Min. garen. Dabei nach Bedarf die übrige Gemüsebrühe (50 ml) nach ca. 1 Std. nachgießen, die Sauce sollte sämig einkochen.

3 Keulen aus dem Bräter nehmen, leicht abkühlen lassen. Sauce kurz pürieren und warm halten. Hähnchenfleisch samt Haut mit zwei Gabeln von den Knochen ziehen und grob zerzupfen. In der Sauce heiß werden lassen.

4 Inzwischen Tortillas nach Packungsanweisung vorbereiten und auf Teller verteilen. Fleisch mitsamt Sauce daraufgeben und mit den beiseitegestellten Zwiebeln bestreuen. Zum Essen die Tacos mittig zusammenklappen.

Für 4 Personen • 45 Min. Zubereitung • Pro Portion ca. 515 kcal, 20 g E, 27 g F, 46 g KH

QUESADILLAS MIT SPINAT

AROMATISCH

450 g TK-Blattspinat
1 Zwiebel
1 Knoblauchzehe
3 ½ EL Olivenöl
Salz, Pfeffer
Chilipulver
¼ TL gemahlener Kreuzkümmel
150 g Cheddar
50 g Chorizo
4 große Tortillas (Weizenfladen)

1 Spinat bis zur Weiterverwendung antauen lassen. Zwiebel und Knoblauch schälen, fein würfeln und in einem Topf mit 2 EL Öl andünsten. Spinat zugeben, mit Salz, Pfeffer, 3 Msp. Chilipulver (Menge nach Geschmack) und Kreuzkümmel würzen. Unter Rühren bei mittlerer Hitze offen garen, bis der Spinat aufgetaut und die Flüssigkeit verdampft ist. Etwas abkühlen lassen.

2 Inzwischen Cheddar grob reiben, Chorizo in Scheiben schneiden. 2 Tortillas bis dicht an den Rand mit Spinat belegen, zuerst Chorizo, dann Käse darauf verteilen. Mit den 2 übrigen Tortillas abdecken, leicht andrücken. Beide oberen Tortillas dünn mit je ½ EL Öl bepinseln. Das übrige Öl (½ EL) in einer beschichteten Pfanne erhitzen. Die erste Quesadilla mit der bepinselten Seite nach oben in die Pfanne legen und ca. 2 Min. bei mittlerer Hitze braten. Vorsichtig wenden und weitere 2–3 Min. braten. Herausnehmen und achteln. Die zweite Quesadilla auf die gleiche Weise fertig braten.

Für 4 Personen • 45 Min. Zubereitung • Pro Portion ca. 530 kcal, 17 g E, 23 g F, 61 g KH

VEGETARISCHE QUESADILLAS

FINGERFOOD

2 Süßkartoffeln (ca. 550 g)
1 Zwiebel
1 Knoblauchzehe
3 ½ EL Olivenöl
½ TL Chili-con-Carne-Gewürzmischung
1 EL Tomatenmark
Salz, Pfeffer
Limettensaft
8 Stängel Koriandergrün
150 g Cheddar
4 große Tortillas (Weizenfladen)

1 Süßkartoffeln schälen und grob raspeln. Zwiebel und Knoblauch schälen, fein würfeln, in 2 EL Öl andünsten. Süßkartoffeln zugeben, ca. 2 Min. unter Rühren anbraten. Chili-Gewürzmischung und Tomatenmark unterrühren, kurz mitbraten. Mit 6 EL Wasser ablöschen und bei mittlerer Hitze garen, bis das Wasser verdunstet ist. Salzen, pfeffern, mit 2 Spritzern Limettensaft abschmecken und abkühlen lassen.

2 Inzwischen Koriander waschen, trocken schütteln, Blätter abzupfen und fein hacken. Cheddar grob reiben, mit dem Koriander unter die Süßkartoffeln mischen. 2 Tortillas bis dicht an den Rand damit belegen. Mit den 2 übrigen Tortillas abdecken, diese leicht andrücken. Beide oberen Tortillas dünn mit je ½ EL Öl bepinseln. Übriges Öl (½ EL) in einer Pfanne erhitzen. Erste Quesadilla mit der bepinselten Seite nach oben hineinlegen, ca. 2 Min. bei mittlerer Hitze braten. Vorsichtig wenden, weitere 2–3 Min. braten. Herausnehmen und achteln. Zweite Quesadilla auf die gleiche Weise fertig braten.

Für 4 Personen • 35 Min. Zubereitung • 3 Std. Marinieren • Pro Portion ca. 640 kcal, 49 g E, 28 g F, 44 g KH

FAJITAS MIT RINDFLEISCH

EINFACH

2 Rindersteaks (ca. 800 g)
3 Limetten
6 EL Sojasauce
1 ½ EL brauner Zucker
2 Knoblauchzehen
1 ½ TL gemahlener Kreuzkümmel
(geräuchertes) Chilipulver
Pfeffer
7 EL Bratöl
4 bunte Paprika (rot, gelb, grün)
4 kleine Tortillas (Weizenfladen)
Salz

TIPP
Wer möchte, streut noch Zwiebelwürfel, in feine Ringe geschnittene Frühlingszwiebeln und Koriandergrün über die Fajitas – und beträufelt das Ganze mit etwas Sour Cream.

1 Die Steaks trocken tupfen. Limetten auspressen, 90 ml Saft mit Sojasauce und Zucker verrühren. Den Knoblauch schälen und dazupressen. Kreuzkümmel, ½–1 TL Chilipulver (Menge nach Geschmack), reichlich Pfeffer und 5 EL Öl kräftig unterschlagen. Die Hälfte der Marinade beiseitestellen, den Rest mit dem Fleisch in einem Gefrierbeutel vermengen, verschließen und mind. 3 Std. (oder über Nacht) kühl stellen. Dabei das Fleisch zwei- bis dreimal in der Marinade wenden.

2 Etwa 3 Std. vor der Zubereitung Paprika halbieren, putzen, waschen und längs in ca. 1 cm breite Streifen schneiden. Mit der übrigen Marinade vermengen, ab und zu durchmischen.

3 Die Tortillas nach Packungsanweisung vorbereiten und warm halten. Inzwischen das übrige Öl (2 EL) in einer beschichteten Pfanne erhitzen. Paprika leicht abtropfen lassen und bei großer Hitze 2–3 Min. unter Rühren anbraten. Bei mittlerer Hitze weitere 1–2 Min braten, bis die Stücke dunkle Ränder haben, dabei ein paar Löffel Marinade zugeben. Dann vom Herd nehmen und warm halten.

4 Inzwischen eine (Grill-)Pfanne erhitzen. Fleisch leicht abtropfen lassen und beidseitig jeweils ca. 2 Min. bei großer Hitze anbraten. Dann bei mittlerer Hitze in 5–6 Min. fertig garen, dabei mehrmals wenden und mit Marinade beträufeln. Vom Herd nehmen, kurz ruhen lassen, salzen und quer in dünne Streifen schneiden. Paprika auf die Tortillas verteilen, Fleisch darauflegen. Die Fajitas zum Essen nach Belieben aufrollen.

ENCHILADAS MIT BOHNEN

FÜR GÄSTE

Für 4 Personen • 55 Min. Zubereitung • 20 Min. Backen • Pro Portion ca. 940 kcal, 32 g E, 41 g F, 100 g KH

2 große Zwiebeln
Öl zum Braten
1 Dose passierte Tomaten (400 g)
400 ml Hühnerbrühe (ersatzweise Gemüsebrühe)
1 ½ EL Mehl
2 ½ TL Chili-con-Carne-Gewürzmischung
Salz, Pfeffer
2 Dosen schwarze Bohnen (800 g)
200 g griechischer Joghurt (10 % Fett)
150 g Cheddar
8 kleine Tortillas (Weizenfladen)

TIPP

Im Handel sind Tortillas meist in zwei verschiedenen Größen erhältlich: Die kleineren Fladen sind etwa 20–25 cm groß, größere Tortillas haben einen Durchmesser von 25–28 cm.

1 Die Zwiebeln schälen und klein würfeln. Einen kleinen Topf mit 2 EL Öl erhitzen und die Zwiebeln darin bei kleiner Hitze in 8–10 Min. goldgelb dünsten. Die Hälfte davon mit Tomaten und Brühe pürieren. 3 EL Öl in einem breiten Topf erhitzen, das Mehl dazugeben und unter Rühren mit dem Schneebesen anschwitzen, bis es bräunt (Bild 1). Mit der Hälfte der Tomatenbrühe ablöschen und kräftig durchrühren. Die übrige Tomatenbrühe unterrühren, mit 2 TL Chili-Gewürzmischung, Salz und Pfeffer würzen (Bild 2). Offen bei kleiner Hitze ca. 25 Min. sämig einkochen, dabei gelegentlich umrühren.

2 Inzwischen Bohnen abgießen, kalt abbrausen und abtropfen lassen. Mit dem Joghurt, den übrigen gebratenen Zwiebeln, übriger Chili-Gewürzmischung (½ TL), Salz und Pfeffer mischen, Cheddar grob raspeln und ein Drittel davon untermengen (Bild 3). Öl ca. 1–2 mm hoch in einer Pfanne erhitzen und die Tortillas darin nacheinander beidseitig knusprig und leicht braun braten. Auf Küchenpapier abtropfen lassen (Bild 4).

3 Den Backofen auf 200° vorheizen. Tortillas nacheinander kurz in die warme Tomatensauce dippen und gleich wieder herausnehmen, die Sauce etwas abtropfen lassen. Jeweils ein Achtel der Bohnenmischung in einem Längsstreifen auf einen Fladen geben und diesen straff aufrollen (Bild 5). Alle Tortillas auf die gleiche Weise zubereiten und mit der Nahtseite nach unten dicht an dicht in eine ofenfeste Form legen.

4 Die Tomatensauce mittig auf die Tortillas löffeln, dabei an beiden Rändern jeweils etwa ein Viertel frei lassen. Mit dem übrigen Käse bestreuen. Im heißen Ofen (Mitte) in 15–20 Min. goldbraun backen und servieren (Bild 6).

Für 4 Personen • 55 Min. Zubereitung • Pro Portion ca. 740 kcal, 25 g E, 23 g F, 99 g KH

BURRITOS MIT KÜRBIS

HERBST-REZEPT

500 g Butternuss-Kürbis (ersatzweise Hokkaido-Kürbis)
2 Knoblauchzehen
4 EL Olivenöl
Salz, Pfeffer
180 g Reis
120 g Cheddar
1 Dose schwarze Bohnen (400 g, ersatzweise Kidneybohnen)
1 Bund Koriandergrün
1 große Zwiebel
¾ TL Chili-con-Carne-Gewürzmischung
4 große Tortillas (Weizenfladen)

1 Backofen auf 220° vorheizen. Kürbis schälen, Kerne und Fasern entfernen und das Fruchtfleisch ca. 1,5 cm groß würfeln. 1 Knoblauchzehe schälen und fein würfeln. Mit dem Kürbis und 2 EL Olivenöl in einer ofenfesten Form mischen, salzen und pfeffern. Im heißen Ofen (Mitte) 30–35 Min. garen.

2 Inzwischen den Reis nach Packungsanweisung in Salzwasser garen. Cheddar grob reiben. Bohnen abgießen, das Einweichwasser dabei auffangen. Koriandergrün waschen, trocken schütteln, Blättchen abzupfen und klein hacken. Zwiebel und übrigen Knoblauch schälen, fein würfeln.

3 Das übrige Olivenöl (2 EL) in einer Pfanne erhitzen, Zwiebel und Knoblauch darin bei kleiner Hitze goldgelb andünsten. Die Bohnen und gut die Hälfte des Einweichwassers zugeben. Mit der Chili-Gewürzmischung, Salz und Pfeffer würzen. Alles offen unter gelegentlichem Rühren 5–10 Min. köcheln, bis die Flüssigkeit verkocht ist.

4 Kürbis aus dem Ofen nehmen, Tortillas nach Packungsanweisung darin erhitzen. Inzwischen Kürbis, Reis und Koriandergrün unter die Bohnen mischen. Alle Tortillas im unteren Drittel mit jeweils einem Längsstreifen aus je einem Viertel der Bohnenmischung belegen, dabei an beiden Rändern des Streifens jeweils etwa ein Viertel frei lassen. Käse über der Füllung verteilen. Fladenseiten links und rechts über die Füllung schlagen und festhalten, dann die untere Seite über der Füllung einschlagen. Die Burritos straff von unten nach oben aufrollen.

HAUPTGERICHTE UND BEILAGEN

Für 4 Personen • 20 Min. Zubereitung • 3 Std. Garen • Pro Portion ca. 615 kcal, 48 g E, 44 g F, 6 g KH

CHILI CON CARNE – DAS ORIGINAL

KLASSIKER

1 kg Rinderschulter
2 Zwiebeln
3 Knoblauchzehen
5 EL Olivenöl
Salz, Pfeffer
250 ml Rinderbrühe
1 TL getrockneter Oregano
Chilipulver
1 TL gemahlener Kreuzkümmel
¼ TL gemahlener Piment
1 TL brauner Zucker

GU **CLOU**

Bei uns ist Chili con Carne als Hackfleischtopf mit Bohnen und Mais bekannt. Echtes Tex-Mex-Chili wird aber nur aus Fleisch zubereitet. Kenner schmecken am Ende mit 2–3 EL Whiskey ab und genießen das Gericht wie ein Gulasch mit frischem (Mais-) Brot, garniert mit etwas Koriandergrün und einem Klecks Sour Cream.

1 Das Fleisch trocken tupfen und in ca. 4 × 5 cm große Würfel schneiden. Zwiebeln und Knoblauch schälen und getrennt voneinander fein würfeln. In einem großen (Gusseisen-)Topf 3 EL Öl erhitzen. Darin das Fleisch bei großer Hitze rundum braun anbraten. Gegen Ende mit Salz und Pfeffer würzen. Topf vom Herd nehmen und das Fleisch herausnehmen.

2 Übriges Öl (2 EL) in den Topf geben, erhitzen und die Zwiebeln darin bei mittlerer Hitze goldgelb andünsten, gegen Ende Knoblauch zugeben und kurz mitbraten. Die Rinderbrühe dazugießen, das Fleisch samt Bratensaft in die Brühe geben und Oregano, 2 ½ TL Chilipulver (Menge nach Geschmack), Kreuzkümmel und Piment unterrühren.

3 Alles zugedeckt bei kleiner Hitze ca. 3 Std. schmoren lassen, dabei gelegentlich umrühren. Das Rindfleisch sollte bei Garzeitende zart und weich sein, die Brühe sämig eingekocht wie bei einem Gulasch. Das Chili con Carne zuletzt mit Salz, Pfeffer und Zucker abschmecken.

Für 4 Personen • 35 Min. Zubereitung • 30 Min. Garen • Pro Portion ca. 490 kcal, 33 g E, 23 g F, 37 g KH

TORTILLA-SUPPE

GÜNSTIG

450 g Hähnchenbrustfilet
1 ¼ TL Chili-con-Carne-Gewürzmischung
Zucker
Salz
2 grüne Paprika
1 Zwiebel
1 Knoblauchzehe
6 EL Öl
1 Dose geschälte Tomaten (400 g)
800 ml Hühnerbrühe
1 Dose Mais (285 g Abtropfgewicht)
80 g Mais-Tortilla-Chips »Natur«

1 Hähnchenfleisch trocken tupfen, mundgerecht zerkleinern. Die Chili-Gewürzmischung mit 1 TL Zucker mischen, 1 TL der Mischung beiseitestellen. Rest auf einen Teller geben, Fleisch darin wenden, salzen. Paprika halbieren, putzen, waschen und ca. 0,5 cm groß würfeln. Zwiebel und Knoblauch schälen und fein würfeln.

2 4 EL Öl in einem Topf erhitzen, Fleisch bei großer Hitze rundum darin anbraten, dann herausnehmen. Bei Bedarf übriges Öl (2 EL) hineingießen, Zwiebel und Knoblauch goldgelb andünsten. Paprika zugeben, bei mittlerer Hitze anbraten. Tomaten in der Dose mit einem Messer zerkleinern, mit Hühnerbrühe und übriger Chili-Gewürzmischung zugeben. Offen bei kleiner Hitze ca. 30 Min. köcheln.

3 Mais abgießen, kalt abbrausen und abtropfen lassen. Mit dem Hähnchenfleisch in der Suppe erhitzen. Tortilla-Chips grob zerbrechen und in die Suppe geben, gleich servieren.

Für 4 Personen • 12 Std. Einweichen • 20 Min. Zubereitung • 2 Std. 30 Min. Garen • Pro Portion ca. 375 kcal, 23 g E, 13 g F, 31 g KH

CAMPFIRE-BOHNENEINTOPF

WINTER-REZEPT

250 g getrocknete Pintobohnen (Wachtelbohnen, ersatzweise Borlotti- oder Kidneybohnen)
150 g durchwachsener Räucherspeck
1 Zwiebel
2 Knoblauchzehen
(geräuchertes) Chilipulver
200 g passierte Tomaten
600 ml Rinderbrühe
1 Lorbeerblatt
1 TL gemahlener Kreuzkümmel
Salz, Pfeffer
⅓ Bund Koriandergrün

1 Bohnen mit kaltem Wasser bedecken, zugedeckt 12 Std. (über Nacht) quellen lassen. Am nächsten Tag abgießen, kalt abbrausen und abtropfen lassen. Speck ca. 0,5 × 1 cm groß würfeln, dabei Schwarte entfernen. Zwiebel und Knoblauch schälen, fein würfeln.

2 Speck in einem (Gusseisen-)Topf bei kleiner Hitze langsam anbraten. Sobald er leicht bräunt, Zwiebel und Knoblauch zugeben und bei kleiner Hitze goldgelb andünsten. 1 TL Chilipulver (Menge nach Geschmack) darüberstäuben, mit passierten Tomaten und Brühe aufgießen. Bohnen, Lorbeerblatt und Kreuzkümmel unterrühren.

3 Alles bei kleiner Hitze 1 Std. 30 Min.–2 Std. zugedeckt garen, dabei gelegentlich umrühren. Die Bohnen sollten schon weich sein, dann nochmals ca. 30 Min. offen unter gelegentlichem Rühren sämig einkochen lassen, salzen und pfeffern. Koriandergrün waschen, trocken schütteln, klein hacken und über den Eintopf streuen.

Für 4 Personen • 25 Min. Zubereitung • Pro Portion ca. 330 kcal, 21 g E, 11 g F, 37 g KH

REFRIED BEANS

SCHNELL GEMACHT

2 Dosen Pintobohnen (800 g, Wachtelbohnen, ersatzweise Borlotti- oder Kidneybohnen)
1 kleine Zwiebel
1 Knoblauchzehe
80 g durchwachsener Räucherspeck
Salz, Pfeffer
Chilipulver (nach Belieben)
80 g geriebener Mozzarella (Fertigprodukt)

TIPP
Das Bohnenmus passt als Beilage und lässt sich mit Reis, Gemüse, Fleisch oder Käse auch gut in Burritos packen. Die Flüssigkeit nach Vorliebe und Verwendung dosieren.

1 Die Bohnen in ein Sieb abgießen, gut abtropfen lassen und das Einweichwasser dabei auffangen. Zwiebel und Knoblauch schälen und fein würfeln. Schwarte vom Speck wegschneiden, beiseitelegen und den Speck sehr klein würfeln.

2 Die Speckwürfel und die Schwarte mit der Fettseite nach unten in eine beschichtete Pfanne geben und bei kleiner bis mittlerer Hitze langsam braten, sodass viel Fett austritt, ohne dass der Speck zu sehr bräunt. Zwiebel und Knoblauch zugeben und goldgelb andünsten. Bohnen zugeben und unter Rühren 2–3 Min. braten. 200–250 ml Einweichwasser dazugießen, mit Salz, Pfeffer und nach Belieben mit 3 Msp. Chilipulver (Menge nach Geschmack) würzen. Alles 4–5 Min. köcheln.

3 Die Bohnenmischung mit einem Kartoffelstampfer nach Belieben mehr oder weniger stark zermusen, bei Bedarf noch etwas Einweichwasser unterrühren. Den Mozzarella über das Bohnenmus streuen und servieren.

Für 4 Personen • 40 Min. Zubereitung • Pro Portion ca. 595 kcal, 19 g E, 25 g F, 72 g KH

GEGRILLTE MAISKOLBEN

STREETFOOD

4 frische Maiskolben
½ l Milch
1 TL Zucker
3 EL Mayonnaise
3 EL Sour Cream
120 g Schafskäse (Feta)
⅓ Bund Koriandergrün
Salz, Pfeffer
(geräuchertes) Chilipulver
1 Limette
Öl zum Braten

1 Die Maiskolben von Hüllblättern und Fäden befreien, waschen. Milch, 1 l Wasser und Zucker in einem breiten Topf aufkochen. Den Mais darin zugedeckt bei mittlerer Hitze ca. 20 Min. kochen.

2 Inzwischen Mayonnaise und Sour Cream verrühren. Schafskäse trocken tupfen, mit einer Gabel fein zerbröckeln, 2 EL davon abnehmen, Rest unter die Creme rühren. Koriandergrün waschen, trocken schütteln, Blätter abzupfen und fein hacken, 1 EL davon beiseitelegen, Rest ebenfalls unterrühren. Käsecreme mit Salz, Pfeffer und ½ TL Chilipulver würzen. Limette heiß waschen und vierteln.

3 Mais aus dem Topf heben, trocken tupfen. Eine Grillpfanne mit Öl auspinseln, Mais darin in 8–10 Min. rundum braun braten. Herausnehmen, möglichst heiß mit der Käsecreme bestreichen. Mit übrigem Schafskäse, Koriandergrün und nach Geschmack mit Chilipulver bestreuen. Den Mais mit Limettenvierteln zum Beträufeln servieren.

Für 4 Personen • 20 Min. Zubereitung • 35 Min. Garen • Pro Portion ca. 260 kcal, 6 g E, 6 g F, 43 g KH

MEXIKANISCHER REIS

KLASSIKER

1 große Zwiebel
4 reife Eiertomaten
1 TL Tomatenmark
½ TL gemahlener Kreuzkümmel
400 ml Hühnerbrühe (ersatzweise Hühnerfond)
2 Knoblauchzehen
2 EL Olivenöl
200 g Parboiled Reis
Salz
¼ Bund Koriandergrün
1 Limette

1 Zwiebel schälen und grob hacken. Tomaten waschen, vierteln, von Stielansätzen und Kernen befreien. Das Fruchtfleisch grob zerschneiden, mit Tomatenmark, Kreuzkümmel und Brühe fein pürieren.

2 Knoblauch schälen und fein hacken. Olivenöl in einer breiten, hohen Pfanne erhitzen. Knoblauch und Zwiebel bei kleiner Hitze langsam darin andünsten. Inzwischen Reis in einem Sieb kalt abbrausen und abtropfen lassen. In die Pfanne dazugeben und bei kleiner Hitze knapp 1 Min. unter Rühren mitdünsten, dann mit der Tomaten-Brühe aufgießen und salzen. Einmal aufkochen lassen und alles bei kleiner Hitze zugedeckt 30–35 Min. garen.

3 Inzwischen Koriandergrün waschen, trocken schütteln, Blättchen abzupfen und fein hacken. Limette heiß waschen, trocken tupfen und vierteln oder achteln. Koriander unter den Reis rühren und den Reis mit den Limettenstücken zum Beträufeln servieren.

Für 4 Personen • 35 Min. Zubereitung • 1 Std. 15 Min. Garen • Pro Portion ca. 620 kcal, 14 g E, 34 g F, 58 g KH

GEFÜLLTE OFEN-SÜSSKARTOFFELN

AROMATISCH

4 Süßkartoffeln (à ca. 400 g)
80 g Cheddar
4 Tomaten
3 Frühlingszwiebeln
2 kleine Avocados
2 EL Limettensaft
1 Bund Koriandergrün
Salz, Pfeffer
1 Dose Mais (285 g Abtropfgewicht)
⅓ TL Chili-con-Carne-Gewürzmischung
200 g Sour Cream

1 Backofen auf 200° vorheizen. Süßkartoffeln waschen und mit einer Gabel ringsum mehrfach tief einstechen. Auf ein mit Backpapier ausgelegtes Blech legen und im heißen Ofen (Mitte) ca. 1 Std. 15 Min. garen, dabei nach ca. 40 Min. wenden.

2 Inzwischen Cheddar grob reiben, die Tomaten von den Stielansätzen und Kernen befreien und das Fruchtfleisch klein würfeln. Frühlingszwiebeln putzen und waschen, den weißen Teil längs vierteln und fein hacken, das Grün in feine Ringe schneiden. Avocados halbieren, entkernen und schälen, das Fruchtfleisch klein würfeln und gleich mit Limettensaft mischen. Das Koriandergrün waschen, trocken schütteln, Blättchen abzupfen und grob zerschneiden. Mit Tomaten, Avocados und Frühlingszwiebeln mischen, salzen und pfeffern.

3 Ca. 15 Min. vor Garzeitende der Süßkartoffeln den Mais abgießen, kalt abbrausen, abtropfen lassen und mit Küchenpapier trocken tupfen. Eine große (Gusseisen-)Pfanne erhitzen. Den Mais darin mit Salz und Chili-Gewürzmischung würzen und ca. 5 Min. bei mittlerer bis großer Hitze rösten, ohne umzurühren. Wenden und ohne Rühren weitere 5–8 Min. braun rösten.

4 Die Süßkartoffeln auf Teller verteilen, längs aufschneiden und auseinanderklappen. Den Käse aufstreuen, mit einer Gabel das Fruchtfleisch leicht zermusen und dabei den Käse unterarbeiten. Den Mais mit der Tomatenmischung vermengen, auf die Süßkartoffeln häufen und die Sour Cream darauf verteilen. Heiß servieren.

Für 4 Personen • 30 Min. Zubereitung • 25 Min. Garen • Pro Portion ca. 750 kcal, 80 g E, 37 g F, 18 g KH

FISCH MIT ANANAS-SALSA

SOMMER-REZEPT

FÜR DIE SALSA
1 kleine reife Ananas (ca. 900 g)
1 rote Chilischote
1 ½ Limetten
1 kleine rote Zwiebel
⅓ Bund Koriandergrün
2 EL Olivenöl
Salz, Pfeffer

FÜR DEN FISCH
½ Limette
4 küchenfertige Doraden (à ca. 400 g)
⅔ Bund Koriandergrün
5 EL Olivenöl
1 Knoblauchzehe
Salz, Pfeffer
1 reife Avocado
200 g Kirschtomaten

TIPP
Supermärkte bieten oft fertig geputzte Ananas an. Das Fruchtfleisch in Stücke oder ca. 2 cm dicke Ringe schneiden und wie beschrieben braten.

SALSA: Den Schopf und das untere Ende der Ananas gerade wegschneiden. Ananas längs achteln, Fruchtfleisch von der Schale schneiden, Mittelstrunk und braune »Augen« entfernen. Die Achtel in einer heißen Pfanne ohne Fett rundum bei mittlerer Hitze braten, bis sie leicht bräunen. Abkühlen lassen.

Inzwischen Chilischote halbieren, Stielansatz, Kerne und die Trennwände entfernen, die Hälften waschen und fein hacken. Limetten auspressen. Zwiebel schälen, klein würfeln. Koriandergrün waschen, trocken schütteln, Blättchen abzupfen und klein hacken. Ananas ca. 0,5 cm groß würfeln, dabei den Saft auffangen, beides mit allen vorbereiteten Zutaten und dem Öl mischen, salzen, pfeffern und zugedeckt ruhen lassen.

FISCH: Inzwischen Backofen auf 200° vorheizen. Limette auspressen. Fische innen und außen waschen, trocken tupfen. Koriandergrün waschen, trocken schütteln, je 2–3 Stängel in die Bauchhöhlen der Fische stecken. Rest fein hacken, mit 2 EL Limettensaft und Olivenöl mischen. Knoblauch schälen, dazupressen. Fische beidseitig je fünfmal schräg einschneiden, ca. zwei Drittel des Würzöls in die Schnitte füllen. Fische in eine ofenfeste Form legen, salzen, pfeffern, mit übrigem Würzöl beträufeln. Im heißen Ofen (Mitte) ca. 25 Min. garen.

FERTIGSTELLEN: Inzwischen Avocado halbieren, entkernen und schälen, Fruchtfleisch klein würfeln und mit 1 TL Limettensaft mischen. Tomaten waschen und halbieren. Die Fische mit der Salsa, Avocado und Tomaten auf Tellern anrichten.

Für 4 Personen • 30 Min. Zubereitung • 5 Std. Ruhen • Pro Portion ca. 450 kcal, 47 g E, 24 g F, 6 g KH

CARNE ASADA

EINFACH

1 Bund Koriandergrün
3 Knoblauchzehen
1 Orange
1 Limette
(geräuchertes) Chilipulver
1 ½ TL gemahlener Kreuzkümmel
2 TL Tomatenmark
2 EL Olivenöl
2 EL Worcester-Sauce (ersatzweise Sojasauce)
Salz, Pfeffer
2 Entrecôte-Steaks (à ca. 450 g)

GUT ZU WISSEN

Im Backofen gelten für Steaks folgende Zubereitungszeiten: Steaks (Dicke ca. 4,5 cm) beidseitig jeweils ca. 3 Min. im Ofen grillen. Dann ohne Backofengrill bei 250° in 4–5 Min. »rare« (blutig), in 6–7 Min. »medium« oder in 8–9 Min. »well done« (durch) garen.

1 Koriandergrün waschen, trocken schütteln, ein Drittel davon beiseitelegen, den Rest samt Stängeln grob klein schneiden. Knoblauch schälen, grob hacken. Orange samt weißer Haut schälen, Fruchtfleisch in Stücke schneiden, Kerne entfernen. Limette heiß waschen, ein Drittel abschneiden und 3 EL Saft daraus pressen, den Rest beiseitelegen.

2 Zerkleinertes Koriandergrün, Knoblauch, Orange, 2 EL Limettensaft, 1–2 TL Chilipulver (Menge nach Geschmack), Kreuzkümmel, Tomatenmark, Öl und Worcester-Sauce fein pürieren. Salzen und pfeffern (es sollte sehr salzig schmecken), mit übrigem Limettensaft (1 EL) und evtl. mit Chilipulver abschmecken. Fleisch trocken tupfen, mit Marinade bestreichen, in einem Gefrierbeutel verschließen und 3–4 Std. kühl stellen.

3 Fleisch ca. 1 Std. Zimmertemperatur annehmen lassen. Aus dem Beutel nehmen, übrige Marinade beiseitestellen. Backofengrill auf höchster Stufe vorheizen, dabei eine gusseiserne (Grill-)Pfanne (oben) mit erhitzen. Fleisch zügig in die heiße Pfanne legen (Achtung: Dabei kann es spritzen!). Die Steaks ca. 3 Min. braten, wenden und weitere 3 Min. braten. Grill abschalten, Backofentemperatur auf 250° einstellen und Fleisch 6–7 Min. (Mitte) garen, dabei nicht wenden. Übriges Koriandergrün grob hacken, restliche Limette in Scheiben schneiden.

4 Fleisch aus dem Ofen nehmen, 3–4 Min. ruhen lassen und in Streifen schneiden. Mit der übrigen Marinade beträufeln, mit Koriandergrün bestreuen und mit Limettenscheiben servieren.

REGISTER

Vegetarische Rezepte, die im Buch mit einem 🍃 gekennzeichnet sind, sind hier grün abgesetzt.

Abkürzungsverzeichnis:
E = Eiweiß
EL = Esslöffel (gestrichen)
F = Fett
kcal = Kilokalorien
KH = Kohlenhydrate
TK = Tiefkühl
TL = Teelöffel (gestrichen)

Projektleitung: Monika Greiner
Lektorat: Julia Genazino
Korrektorat: Ulrike Wagner
Gesamtgestaltung: independent Medien-Design, München: Horst Moser (Artdirection), Lucie Heselich, Svenja Wamser
Herstellung: Petra Roth
Satz: Kösel, Krugzell
Reproduktion: medienprinzen GmbH, München
Druck und Bindung: Firmengruppe APPL, aprinta druck, Wemding
Syndication: www.seasons.agency
Printed in Germany

1. Auflage 2018
ISBN 978-3-8338-6627-2
www.facebook.com/gu.verlag

GRÄFE UND UNZER
Ein Unternehmen der
GANSKE VERLAGSGRUPPE

DIE AUTORIN

Tanja Dusy ist freie Foodjournalistin in München. Sie orientiert sich bei ihrer Arbeit am Puls der Zeit und ist ein echter Profi beim Thema Ernährungstrends. Ihre Rezepte überzeugen durch Kreativität und Verlässlichkeit. Von ihr sind bei GU bereits zahlreiche erfolgreiche Kochbücher erschienen.

DIE FOTOGRAFIN

Vivi d'Angelo hegt eine Leidenschaft für gutes Essen und hat ein Händchen dafür, jedes Gericht im besten Licht zu präsentieren. **Sandra Luz** (Foodstyling) unterstützte sie im Studio bei der Fotoproduktion – hossa!

BILDNACHWEIS

Vivi d'Angelo: S. 06–59 und Stepfotos auf den Klappen
auen60 photography Julia Schneider + Ines Häberlein: S. 01, 05 und Stillleben auf den Klappen
PicturePeople GmbH & Co. KG: Autorenfoto
Silvio Knesevic: Coverfoto

Umwelthinweis:
Dieses Buch ist auf PEFC-zertifiziertem Papier aus nachhaltiger Waldwirtschaft gedruckt.

QUALITÄTS G|U GARANTIE

LIEBE LESERINNEN UND LESER,

wir wollen Ihnen mit diesem Buch Informationen und Anregungen geben, um Ihnen das Leben zu erleichtern oder Sie zu inspirieren, Neues auszuprobieren. Wir achten bei der Erstellung unserer Bücher auf Aktualität und stellen höchste Ansprüche an Inhalt und Gestaltung. Alle Anleitungen und Rezepte werden von unseren Autoren, jeweils Experten auf ihrem Gebiet, gewissenhaft erstellt und von unseren Redakteuren/innen mit größter Sorgfalt ausgewählt und geprüft.

Haben wir Ihre Erwartungen erfüllt? Sind Sie mit diesem Buch und seinen Inhalten zufrieden? Haben Sie weitere Fragen zu diesem Thema? Wir freuen uns auf Ihre Rückmeldung, auf Lob, Kritik und Anregungen, damit wir für Sie immer besser werden können. Und wir freuen uns, wenn Sie diesen Titel weiterempfehlen, in Ihrem Freundeskreis oder online.

Sollten wir Ihre Erwartungen so gar nicht erfüllt haben, tauschen wir Ihnen Ihr Buch jederzeit gegen ein gleichwertiges zum gleichen oder ähnlichen Thema um.

KONTAKT

GRÄFE UND UNZER VERLAG
Leserservice
Postfach 86 03 13
81630 München
E-Mail: leserservice@graefe-und-unzer.de

Telefon: 0 08 00 / 72 37 33 33*
Telefax: 0 08 00 / 50 12 05 44*
Mo-Do: 9.00 – 17.00 Uhr
Fr: 9.00 – 16.00 Uhr (*gebührenfrei in D,A,CH)

APPETIT AUF MEHR?

ISBN 978-3-8338-6625-8

ISBN 978-3-8338-6799-6

ISBN 978-3-8338-6626-5

ISBN 978-3-8338-6629-6

ISBN 978-3-8338-6630-2

ISBN 978-3-8338-6614-2

ISBN 978-3-8338-6628-9

ISBN 978-3-8338-6623-4

ISBN 978-3-8338-6619-7

ISBN 978-3-8338-6618-0

ISBN 978-3-8338-6616-6

ISBN 978-3-8338-6622-7

ISBN 978-3-8338-6624-1

ISBN 978-3-8338-6620-3

ISBN 978-3-8338-6617-3

ISBN 978-3-8338-6621-0

e Alle hier vorgestellten Bücher sind auch als eBook erhältlich.

G|U

Mehr von GU auf **www.gu.de** und **facebook.com/gu.verlag**

DIE »GU KOCHEN PLUS«-APP

1 APP HERUNTERLADEN

Laden Sie die kostenlose »GU Kochen Plus«-App im Apple App Store oder im Google Play Store auf Ihr Smartphone. Starten Sie die App und wählen Sie Ihren Küchenratgeber aus.

2 REZEPTBILD SCANNEN

Scannen Sie das gewünschte Rezeptbild mit der Kamera Ihres Smartphones. Klicken Sie im Display die Funktion Ihrer Wahl.

3 FUNKTIONEN NUTZEN

Sammeln Sie Ihre Lieblingsrezepte. Speichern und verschicken Sie Ihre Einkaufslisten. Oder nutzen Sie den praktischen Supermarkt-Finder und den Rezept-Planer.